ÉLOGE

FUNÈBRE

DE M. L'ABBÉ POTOT,

PRONONCÉ

A LA CATHÉDRALE DE METZ, LE 22 MAI 1837,

DEVANT LES ASSOCIÉS DU *rosaire-vivant*, DONT IL ÉTAIT LE
DIRECTEUR.

METZ,

DE L'IMPRIMERIE DE COLLIGNON,

ÉLOGE

FUNÈBRE

DE MONSIEUR L'ABBÉ POTOT.

Tanquam prodigium factus... multis ; et tu adjutor fortis.

Il est devenu l'objet de l'admiration de plusieurs ; mais c'est vous, Seigneur, qui avez opéré cette merveille. Ps. 70, ℣ 15.

Un fils chéri au sein de sa famille, un homme recherché de la société, un avocat distingué, un soldat courageux, parvenu par sa valeur seule aux grades les plus brillants, un autre Saul devenu un autre Paul ; un prêtre, l'honneur du sacerdoce, l'Apôtre de son pays, un fervent religieux, et

1*

comme nous l'espérons, un saint dans le ciel : tel est celui qui vient de *passer parmi nous en faisant le bien*, (1) celui qui est devenu l'objet de notre admiration, *tanquam prodigium factus... multis*, celui dont vous venez entendre l'éloge. Grâces vous soient rendues, ô mon Dieu! vous seul avez pu opérer cette merveille parmi nous. *Tu adjutor fortis.*

Le point difficile, c'est de vous faire bien connaître ce Prêtre dont la vie a été si sainte et si glorieuse. Ah! si ce nouvel Elie, en s'élevant vers le ciel, avait laissé tomber sur moi quelque chose de cet esprit divin qui l'animait, alors peut-être parlerais-je bien de lui : car comme l'*Esprit de Dieu*, dit l'Apôtre, *connaît seul les choses de Dieu* (2), qui sont aussi celles des Saints, seul il peut en parler dignement.

Nous laisserons donc à ses œuvres le soin de le louer lui-même, non qu'il soit possible de les

____

(1) Act. 10. 38.   (2) 1. Cor. 2. 11.

développer toutes, les bornes d'un discours ne le permettent pas : nous rapporterons seulement les faits principaux dans l'ordre de leur succession naturelle, imitant les géographes qui omettent les lieux les moins considérables des pays dont ils tracent la carte, et se contentent de marquer les villes par des points, et les montagnes par des lignes.

Nous rassemblerons les traits épars de cette vie que vous connaissez déjà, pour en faire comme *un bouquet de myrrhe* (1), que nous placerons sur nos cœurs, afin qu'*attirés à l'odeur de ses parfums, nous courions* (2) après lui dans la carrière du salut, pour mériter de partager un jour son bonheur.

NICOLAS-MARIE-DIEUDONNÉ POTOT, naquit à Metz, le 12 juillet 1771, de parents recom—

(1) Cant. 1. c. 12.   (2) Ibid. 3.

mandables par leurs vertus et par le rang qu'ils tenaient dans la société.

Avant qu'il fût né, sa pieuse mère l'avait consacré à la sainte Vierge : en sorte que M. Potot a été, pour ainsi dire, l'enfant de Marie avant d'être l'enfant de l'Eglise. O heureuse et sage précaution de cette mère toute chrétienne ! Aussi jamais confiance en Marie ne fut-elle ni mieux justifiée, ni mieux récompensée.

Qu'il s'enfonce maintenant dans les voies ténébreuses de l'erreur ; au défaut du soleil de vérité, Marie, si souvent comparée à la lune dans nos livres saints, saura bien au milieu de cette nuit profonde lui prêter sa clarté, sinon pour le diriger absolument, au moins pour l'empêcher de s'égarer sans retour. Qu'il vogue à pleines voiles sur la mer orageuse de ce monde ; il y rencontrera des écueils : jamais il ne viendra s'y briser entièrement. Que sur le champ de bataille l'airain vomisse la mort de toute part ; *il en tombera mille à sa gauche et dix mille à sa droite: pour lui, il ne sera pas atteint* (1) ; ou s'il est frappé, ce ne sera que pour être guéri. Qu'il résiste aux cris de sa conscience pour essayer de s'endormir dans le tombeau de l'incrédulité ; enfant de Marie, il faudra bien qu'il en sorte un jour, comme un autre Lazare, pour étonner la terre du spectacle d'une glorieuse résurrection ; pour être, comme un autre Paul, un *vase d'élection* (2), qui portera le nom du Seigneur aux hommes qui le méconnaissent.

Une autre protection, la plus désirable après celle de Marie, la protection de saint Joseph, vint encore aider son enfance. On l'avait accoutumé à ne résister jamais à la douce autorité de ce grand Saint. Que de fois son image, qu'il porta toujours sur lui, a calmé sa jeune âme irritée ! *Il suffisait qu'on me la montrât*, disait-il souvent depuis sa conversion, *pour qu'aussitôt je sentisse s'apaiser mes colères d'enfant.* C'est

______

(1) Ps. 90. 7.   (2) Act. 9. 15.

ainsi que s'est imprimé si avant dans son cœur l'amour pour l'époux de Marie , cet amour qui se réveilla plus tard si vivement, avec tant de profit pour lui-même et pour les autres. Vous connaissez tous sa tendre dévotion à l'aimable protecteur de ses premières années, et le zèle qu'il mit toujours à propager le culte d'un Saint que la grande Thérèse n'avait jamais invoqué, disait-elle , sans en être aussitôt secourue. Belle et salutaire leçon pour vous , ô mères chrétiennes , appelées les premières à jeter, avant tout, dans le cœur de vos enfants , cette semence de piété qui s'y conserve comme nécessairement , malgré les premières agitations de la vie , pour produire plus tard des fruits abondants de salut. Car les impressions religieuses de l'enfance, ne l'oubliez pas, sont comme ces chefs-d'œuvre de peinture, qui peuvent bien céder aux ravages des temps quelque chose de leur éclat, mais qui revivent toujours sous un habile pinceau.

Dès qu'il fut arrivé à cet âge qui permettait de

cesser près de lui ces soins qu'une mère seule sait donner, son père, qui le voyait d'une complexion faible et délicate, voulut s'en charger lui-même tout spécialement pour le fortifier, en le soumettant à un système de dures privations. Ainsi le jeune Potot couchait sur la paille, mangeait peu, et devait surtout supporter les rigueurs du froid, contre lequel ses vêtements étaient peu propres à le protéger. Libre à chacun de prononcer sur cette manière d'élever un enfant; toujours est-il qu'elle eut un plein succès, et que M. Potot lui dut cette vigueur de tempérament qu'il se reconnaissait à lui-même, et que la nature semblait lui avoir refusé. Mais ne pourrions-nous pas dire qu'il faisait en quelque sorte l'essai de ces pénitences qui devaient être si grandes dans la suite, et qu'à son insu, il préludait à ses austérités?

Un père, qui venait de donner à son fils comme une seconde vie, devait encore en être le précepteur. Né avec un esprit vif et pénétrant, M. Potot fit bientôt les progrès les plus rapides dans les connaissances humaines, sous un maître si habile et si naturellement intéressé à ses succès. A cette aptitude pour la science, il joignait de grandes qualités morales. Il fut toujours d'une justice dont faisaient l'éloge ceux-là mêmes qui en avaient éprouvé les rigueurs : *il est sévère*, disaient-ils, *mais il est juste ;* son intégrité faillit même, plusieurs fois, mettre ses jours en danger. Il aima la liberté, dont hélas ! il reconnut plus tard les abus ; car la liberté ne consiste pas à penser, croire et faire ce que l'on veut, en religion surtout, comme l'entendent aujourd'hui tant d'esprits superbes, qui ne savent plus dépendre ; non, ce n'est point en cela qu'elle consiste : secouer le joug des passions, s'en affranchir, en les surmontant généreusement, voilà la liberté. La première, toujours suivie du trouble et du malheur, c'est la liberté des anges rebelles ; la seconde, ce besoin d'une belle âme, toujours suivie de la paix et de la félicité, *c'est la liberté des enfants de Dieu* (1), parmi lesquels notre saint

(1) Rom. 8. 21.

Prêtre devait un jour occuper un rang si distingué.

On louait encore ses vertus sociales. On dit, par exemple, qu'il était d'une politesse exquise : non, mes frères, que *devant Jesus-Christ il y ait des Grecs ou des Barbares* (1) ; la politesse du Français ne l'absoudra pas plus au tribunal de Dieu, que la grossièreté du sauvage ne servira à le condamner ; *ce n'est pas l'extérieur qui fait l'homme, c'est le cœur* (2). Si donc je signale cette qualité, ce n'est qu'à cause du noble usage que l'on peut en faire ; et l'on sait comme notre saint prêtre s'en servit admirablement pour gagner des âmes à Jesus-Christ.

A l'âge de choisir un état, à 19 ans, il embrassa celui que son père avait lui-même honoré, et auquel l'appelaient ses talents. En effet, après un an d'étude en droit à Strasbourg, il y soutint sa thèse avec tant d'éclat, qu'il fut aussitôt admis

(1) Galat. 5. 28.   (2) 1. Reg. 16. 17.

au rang des avocats. Mais il ne put continuer une carrière, qu'il aurait parcourue avec distinction, si l'on en juge par les brillantes plaidoiries qui signalèrent son entrée au barreau : cédant aux circonstances, il prit donc le parti des armes, pour lequel il n'avait peut-être pas moins d'inclination. C'est là que, pendant huit campagnes consécutives, il fit preuve de cette valeur qui lui était naturelle, de cette énergie, de cette audace guerrière, le sublime du courage, quand elle est soutenue de la prudence, vertu qui fut toujours l'âme de ses actions. Au dire de ses compagnons d'armes, ce n'était pas seulement un brave dans son bataillon, c'était un brave dans l'armée ; on aurait dit qu'il se multipliait dans le combat ; vous l'eussiez vu tour à tour commander en habile capitaine et se battre comme un simple soldat. De là ces grades brillants qu'il ne dut ni à la protection ni à la faveur, mais qu'il gagna tous sur le champ de bataille. Que si l'on pouvait douter de sa gloire militaire, nous avons le té—

moignage d'un général fameux, dont les lettres nous apprennent qu'il recherchait l'amitié de M. Potot, parce qu'il recherchait, disait-il, l'amitié d'un brave, lui appelé alors *le Brave des Braves*. Si cette valeur n'est d'aucun prix devant Dieu dès qu'elle est séparée de la religion, comme nous l'apprend l'Ecriture, *non glorietur fortis in fortitudine suâ* (1), elle sert au moins à montrer par quelle grande âme la religion va être appréciée.

Il parcourait cette route de gloire, quand il fut grièvement blessé au siége de Mannheim, comme autrefois le gentilhomme de Loyola au siége de Pampelune. Chose admirable ! M. Potot qui a suivi saint Ignace dans la carrière des armes, le suivra encore, comme son enfant, dans la carrière de la perfection. Disons pourtant que si jamais désespoir, pour parler comme il pensait alors, dut entrer dans son âme, ce fut quand, arrêté

(1) Jerem. 9. 25.

tout à coup au milieu de sa course, il se vit forcé
de renoncer à des dignités si capables de satisfaire
son ambition ; car quelques heures après sa blessure, le Gouvernement lui expédiait le brevet de
colonel, en même temps qu'il le plaçait sur la
liste des généraux. Consolez-vous, illustre guerrier, vous serez encore soldat ; mais vous le serez
sous d'autres étendards, sous les étendards du Roi
et de la Reine des cieux. Auparavant, toutefois,
il faut que le Seigneur vous retire de l'*agitation
du monde, où il ne se trouve pas* (1) ; il faut *qu'il
vous conduise dans la solitude, et que là il
vous parle au cœur* (2) ; il faut que des douleurs
aiguës et continuelles, de pressantes exhortations,
vous fassent connaître celui dont la main vous a
frappé ; il faut surtout que la parole de l'envoyé
du Seigneur vous *apprenne ce que vous devez
faire* pour répondre aux desseins de Dieu sur vous:
et ibi dicetur tibi quid te oporteat facere (3).

(1) iii. Reg. 19. 11.　　　(3) Act. 9. 7.
(2) Os. 2. 14.

Ne dissimulons pas ses fautes, elles ne nous en dévoileront que mieux toute l'étendue de la miséricorde divine à son égard : cette grâce de la solitude, il n'en profita pas d'abord. Imbu des idées de son siècle, il alla chercher dans les productions de la philosophie d'alors, quelques passagères consolations dans ses pénibles ennuis ; il se livra de préférence à la lecture de Voltaire ; mais comme il avait l'esprit juste et surtout le cœur droit, il s'en dégoûta bientôt.

Cependant sa vénérable sœur employait tous les moyens que pouvait lui suggérer la plus tendre charité, pour obtenir la conversion d'un frère qui lui était si cher. Elle élevait des mains suppliantes vers le ciel ; elle répandait d'abondantes aumônes dans le sein des pauvres ; elle faisait même, vis-à-vis de lui, ce que l'Apôtre recommande à Timothée, elle le pressait de se convertir ; elle lui montrait l'état de son âme devant Dieu ; elle le suppliait de ne pas se priver du secours que lui offrait une religion qu'il condamnait sans la connaître ; enfin , elle le conjurait de faire au moins pour une éternité , ce que tous les jours on fait dans le monde pour un intérêt temporel : consulter, s'éclairer.

A ce zèle si touchant, notre malade ne répondait que par son obstination dans l'erreur. De son côté, Mademoiselle Potot ne se décourageait pas ; elle savait que Dieu accorde tout à la persévérance ; elle recommença donc à *le presser à temps*, et même à *contre-temps*, comme l'enseigne l'Apôtre (1). C'est alors que, pour se délivrer de ses pieuses instances , il lui dit avec une sorte de colère : *Eh bien, j'y consens ; amenez-moi un prêtre ; quand je l'aurai confondu, peut-être enfin me laisserez-vous en repos.* O mon Dieu ! c'était là où votre miséricorde l'attendait, comme autrefois elle attendait Saul dans l'acte même de ses ardentes poursuites contre vos ministres. Un prêtre vénérable, qui a laissé parmi

(2) II. Tim. 4. 2.

nous une grande mémoire, M. Thibiat, est appelé. Après les plus vives et les plus longues discussions, qui n'étaient interrompues que par l'anéantissement que lui causaient tant de paroles amères contre la Religion et ses Ministres, le malade consentit enfin à présenter ses erreurs, sous trois objections principales. Mais à peine le savant Vicaire-général eut-il répondu à la première, que frappé d'un trait de lumière, M. Potot s'écria : *Grâce ! Monsieur, grâce! ne répondez pas aux deux autres ; je veux avoir le mérite de la foi.* A cet instant *les écailles tombent des yeux* (1) de cet autre Saul, *il recouvre la vue* de la foi. *Effrayé de lui — même : Seigneur,* dit - il, *que faut-il que je fasse ? Lavez vos fautes,* répond le nouvel Ananie, *dans le baptême* de larmes, et votre pardon est assuré, *baptizare et ablue peccata tua* (2). Ce qu'il fit en effet, mes frères, avec tant de repentir et avec un si grand senti—

(1) Act. Apost. 18.
(1) Ibid. 22.

ment de componction, qu'aussitôt son âme devint *plus blanche que la neige* (1); Naaman ne fut pas plus pur au sortir du Jourdain, *après s'y être plongé sept fois* (2): dans un seul acte, notre nouveau converti avait franchi l'espace immense qui sépare l'incrédulité de la plus haute sainteté. O grâce de mon Sauveur que tu es puissante pour *changer* tout d'un coup, *en un autre homme* (3), celui que tu purifies ! *Tu adjutor fortis.*

C'est alors que *son âme* magnanime, *ravie en Dieu son Sauveur* (4), entonna le cantique de la délivrance que chantèrent autrefois les Hébreux au sortir de l'Egypte, après le passage de la mer Rouge : *Chantons au Seigneur, il s'est plu à déployer* sur moi *les richesses de sa miséricorde* (5). Par un coup parti de plus haut que des rangs ennemis qui l'avaient porté, il *a renversé le cavalier*, non dans cette mer courroucée qui noya ses en-

(1) Ps. 50.   (4) Luc. 1.

(2) 4. Reg. 5. 14.   (5) Exod. 15.

(3) 1. Reg. 10. 6.

nemis, mais dans la mer de sang de mon Sau—
veur, pour le purifier de ses souillures. *Il est ma
force, il s'est fait mon libérateur, il sera dé-
sormais l'objet de mes louanges. Il est mon Dieu,
je le servirai* maintenant tous les jours de ma
vie ; *je célébrerai son Nom* en apprenant aux
pécheurs, par mon exemple, à se convertir au
Seigneur (1).

Tels étaient ses sentiments ; voyons mainte—
nant ses œuvres. Vous le savez, mes Frères,
M. Potot était un de ces hommes qui s'avouent
tout entiers dans le parti qu'ils ont embrassé ; heureux quand ce parti est celui de la Religion ! Dès
qu'il se convertissait, ce ne pouvait donc être que
pour devenir un grand Saint. Aussi dès son début
dans la carrière de la piété, nous offre-t-il le
spectacle de la plus haute perfection. C'est une
humilité si profonde, qu'il regarde comme une

(1) Exod. 15. (2) Ephes. 5. 16.

2*

véritable faveur le plus léger service; une foi si vive, qu'on pouvait dire de lui, comme autrefois saint Paul de Moïse : *Il vivait comme s'il voyait l'invisible* (1); un détachement qui imprime sur tout son extérieur un tel air de mort, qu'il paraît moins tenir du temps que de l'éternité; une espérance où tous les désirs de la terre étaient venus s'éteindre à la fois; une générosité d'amour qui laisse bientôt loin derrière lui ses aînés dans la ferveur; enfin ce sont d'effrayantes pénitences, de cruelles austérités qui viennent punir chaque jour les fautes du passé, et dont il savait toujours rendre Dieu le témoin solitaire; car tandis que sa maison n'indiquait pas un homme retiré du commerce du monde, sa chambre était celle d'un trappiste. Quelle patience encore dans ces dix-sept années de douleurs inexprimables, que lui causait continuellement sa blessure! Ce n'est pas qu'il en fût plus triste : car, vous le savez, sa piété était

____

(1) Hebr. 11. 27.

franche et aussi aimable qu'exemplaire ; la paix intérieure dont il jouissait, donnait même à sa vertu un charme qui lui conciliait tous les cœurs.

Mais ce qui ajoutait surtout à l'éclat de tant de vertus, c'était sa dévotion à Marie ; dévotion qui l'a rendu si grand parmi nous, que n'en point parler ici, ce serait en quelque sorte n'avoir pas parlé de lui. On peut dire, que si Marie eut pour notre saint Prêtre l'amour de la mère la plus tendre, à en juger par les grâces extraordinaires et les faveurs même temporelles qu'il en avait reçues ; notre saint Prêtre eut pour Marie l'amour du fils le plus dévoué. *Il l'aima*, après Dieu, *de tout son cœur, de toute son âme, de tout son esprit, de toutes ses forces ;* il lui consacra sa vie toute entière : à ce point, que le nom de M. POTOT, comme celui de saint Bernard, réveillera toujours dans nos cœurs son attachement à la mère de Dieu, et le zèle qu'il mit à propager son culte.

Une telle conversion ne pouvait manquer de

frapper vivement tous les esprits. Aussi a—t—elle fait l'admiration de tous ceux qui en ont été les témoins ; elle était l'objet des éloges de toute la ville, ou plutôt, de tout le pays : *Tanquam prodigium factus... multis.* Les pieux fidèles surtout, ne pouvaient assez remercier le Seigneur de la merveille qu'il venait d'opérer parmi eux ; comme les anges du ciel, ils semblaient avoir oublié tous les autres justes, pour ne plus porter leurs regards attendris que sur le nouveau converti : *Avez—vous vu le Commandant,* se demandait — on, *avec ses épaulettes, à genoux devant un autel, disant son chapelet ?...* Ah ! mes frères, il y a sans doute quelque chose de grand dans toute conversion ; mais celle d'un guerrier est toujours sublime : alors chacun comprend tout ce qu'il a fallu de courage et de grandeur d'âme pour imposer silence à de glorieux souvenirs ; on comprend, que s'être vaincu soi—même si généreusement, c'est avoir remporté la plus belle et la plus difficile de toutes les victoires. N'est—ce pas ce qu'enseigne l'Esprit-Saint, quand il dit : *Celui qui sait se vaincre soi-même, l'emporte sur celui qui prend des villes* (1)? Les païens eux-mêmes ne s'y trompaient pas : dans l'éloge qu'ils faisaient d'un grand homme, ils louaient beaucoup plus une injure pardonnée, une infortune respectée, une passion domptée, que le gain d'une bataille, et même que la conquête du monde entier. Toutefois, disons-le en passant, ces héros, dans ces actions si belles, ne négligeaient pas leur honneur, ils y voyaient plutôt le vrai moyen de l'établir ; mais notre fervent chrétien domina sa propre gloire, en l'oubliant, et en nous la faisant oublier à nous-mêmes, par l'éclat de son éminente sainteté. Ah ! c'est que son âme était éprise d'une autre gloire, la plus grande de toutes : celle de suivre Jesus-Christ, d'être son disciple, ou plutôt son esclave, pour parler comme il aurait parlé lui-même. Déjà il en est l'apôtre.

(1) Prov. 16. 33.

En effet, M. Potot avait trop bien connu, par son expérience, la différence du service de Dieu et du service du monde, pour ne pas éprouver le sentiment de la plus vive compassion envers ceux que retiennent hors de la voie du salut de malheureux préjugés ou de pernicieuses erreurs; et sa charité était trop grande pour ne pas lui faire tout tenter, afin de leur procurer le bonheur dont il jouissait lui—même. Sentiment sublime, qui fait que l'homme agit comme Dieu lui-même. Non, mes frères, ce ne fut pas d'après un autre sentiment que Dieu nous tira tous du néant: s'il nous a créés, c'était pour nous associer à son bonheur; *In caritate perpetuâ dilexi te, ideo attraxi te miserans* (1). Et lorsque l'homme, par sa malice, eut dérangé l'admirable plan du Créateur, ce ne fut pas d'après un autre sentiment que *son Verbe se fit chair* (2) et s'immola sur la croix: c'était pour nous remettre sur la route du bonheur.

(1) Jerem. 31. 3.   (2) Joann. 1. 14.

Ce ne fut pas d'après un autre sentiment que les Apôtres et leurs successeurs, conduits par le saint-Esprit, propagèrent la Religion dans tout l'univers: c'était pour nous enseigner le chemin du bonheur. Pourquoi l'Eglise doit-elle demeurer inébranlable parmi nous jusqu'à la fin des siècles? C'est qu'elle a pour mission de conduire encore la dernière génération au bonheur. O divine charité qui tends à chasser l'erreur de tous les esprits pour y substituer la vérité qui les rendrait heureux, que tu es différente, si on voulait y réfléchir un peu, de cette désastreuse tolérance qui prêche la paix à l'erreur elle-même ! Il est vrai, mes frères, la charité *avertit, menace, châtie même* (1) quelquefois, mais ce n'est que pour rendre le pardon plus certain : la tolérance, au contraire, n'est que le besoin de calmer les autres sur leurs erreurs, par le besoin que l'on éprouve d'être calmé soi-même sur les siennes. Mais être calmé sur ses er-

(1) Apoc. 3. 19.

reurs, est-ce en être absout? et ne pas en être absout, est-ce être sur la voie du bonheur? Disons tout en un mot, la tolérance laisse l'âme inquiète dans le malheur, la charité seule l'en retire.

M. Potot l'avait bien compris; et dans son amour pour ses frères, il se hâta de leur faire connaître une religion dont il goûtait le bienfait. Or, le moyen qui lui parut alors le plus actif et le plus propre à seconder son dessein, c'était la propagation des bons livres. Il se mit donc aussitôt en rapport avec les premières librairies de France, pour en faire venir à grands frais ces livres pleins d'une doctrine pure, dont un effet, entre mille autres, est d'aller atteindre la conscience de celui que le respect humain ou d'autres passions empêchent de venir nous entendre. C'est ainsi qu'il jetait les fondements de cette belle œuvre dans notre ville, la *bibliothèque catholique*, véritable arsenal où chacun peut venir puiser des armes contre le monde et contre soi-même.

Mais ce moyen ne répondit pas encore à son zèle ; car il y avait dans le cœur de cet homme, une charité à convertir le monde : et ce serait ne pas le connaitre, que d'envisager ses œuvres, déjà si propres à le louer, autrement que comme des étincelles qui s'échappaient de ce foyer d'amour dont son âme était embrasée. Il pensa donc que la grâce sacerdotale le mettrait à même de rendre de plus grands services à la Religion qu'il voyait, d'ailleurs, dénuée de ministres. Une chose l'arrêtait, comme on devait s'y attendre : son indignité, disait-il, ou plutôt, son humilité. Il craignait de se charger *d'un fardeau redoutable aux anges mêmes* (1) ; mais son zèle l'emporta sur toutes ces considérations.

On le vit donc, malgré ses infirmités, venir chaque jour se confondre avec les jeunes lévites du sanctuaire, pour recevoir de l'église la science du salut, dont ses lèvres devaient

____

(1) Conc. Trid. Sess. 6.

être de si fidèles dépositaires ; et après les dis-
penses obtenues , il reçut la prêtrise, en 1818.
Cette vénération profonde avec laquelle il reçut
les saints ordres, il la porta toujours dans toutes
les fonctions de son ministère ; mais à l'autel,
pendant l'auguste sacrifice , on aurait cru voir un
ange.

Bientôt après son ordination, il fut approuvé
pour entendre les confessions de toutes les commu-
nautés religieuses de cette ville : *de Sainte-Chré-
tienne, de saint Vincent de Paul, du Sacré-Cœur,*
et spécialement *de la Visitation*, dont il a été
long-temps le Supérieur, en même temps qu'il en
dirigeait les jeunes pensionnaires. Il est mort ; mais
les fruits de sanctification qu'il y a laissés, s'y con-
serveront toujours : *defunctus adhùc loquitur* (1).
Le ministère qu'il exerçait dans ces saintes mai-
sons, lui donna souvent l'occasion d'apprécier le
bonheur d'une éducation fondée sur cette foi ,
que nous ne pouvons recevoir que de l'église.

(1) Hebr. 11. 4.

Toutefois, ces nombreuses occupations ne le rendaient étranger à aucune pratique de dévotion. Celle *du Chemin de la Croix* surtout fixa son attention ; mais elle n'était pratiquée alors que par quelques prêtres zélés de cette ville : c'était *le grain de sénevé.* Ce fut donc notre saint prêtre qui lui donna l'accroissement que nous lui voyons aujourd'hui, en la transportant dans cette Cathédrale, dont il fut fait Chanoine en qualité de directeur de cette œuvre. Il voulait faciliter au peuple de la ville et de la campagne, la pratique d'une dévotion qui avait été pour lui-même la source de tant de grâces. On voit que M. Potot ne faisait pas seulement une œuvre pour le mérite de la faire ; mais qu'elle prenait encore naissance, ou dans les avantages qu'il en avait retirés, et dont il voulait faire jouir les autres, ou dans le besoin des temps qu'il méditait sans cesse en moraliste éclairé. Il ne cessa de nous en fournir des preuves.

Cependant la MAISON DE CHARITÉ avait

besoin d'un prêtre tout à la fois zélé et d'une fortune indépendante : notre saint prêtre, si connu d'ailleurs par ses abondantes aumônes, s'en chargea d'autant plus volontiers que son cœur l'y appelait déjà. Il n'y fut pas plus tôt placé, que de concert avec une religieuse vénérable de cette ville, il créa l'œuvre intéressante des orphelines : n'est-ce pas, en effet, une institution admirable que celle qui donne à cent jeunes personnes de la classe ouvrière, une éducation si convenable sous tous les rapports, par les soins *des filles* de saint Vincent de Paul, qui sont assurément pour elles les plus tendres des mères ? Sa reconnaissance pour saint Joseph le porta naturellement à placer cette œuvre sous son invocation.

Mais sa reconnaissance envers Marie exigeait qu'il fît bien plus encore pour elle. *La Neuvaine* de l'Assomption, qu'il établit dans cette maison, parut pour le moment répondre à son zèle pour la gloire de sa bienfaitrice. A cause de ses faibles commencements, il la comparait ingénieusement *à la nuée que vit Élie, petite en s'élevant de la mer, et changée bientôt en une pluie très-abondante* (1). Cette Neuvaine, disait-il, est petite aussi, par le lieu où elle est établie, et le peu de personnes qui peuvent en suivre les exercices ; *mais elle sera grande dans la suite.* Elle est grande en effet, mes frères, aujourd'hui, par le lieu même où nous la voyons établie, cette Cathédrale ; grande par le concours nombreux des fidèles qui y assistent ; grande par les orateurs de l'époque qui s'honorent de la prêcher ; grande par les fruits de conversion qu'elle produit chaque année, et par les faveurs qu'elle répand sur notre ville ; grande enfin, par le dessein même que sa confiance en Marie lui avait inspiré, qui était d'attirer de nouvelles grâces sur la France, dont il craignait de voir s'éloigner le précieux flambeau de la foi. Oh ! si dans la même confiance les fidèles unissaient aujourd'hui leurs prières, pour obtenir

______

(1) 3. Reg. 18.

de Marie, notre commune protectrice, la conservation de la foi catholique dans notre patrie; elle nous resterait entière, n'en doutons pas, malgré de sinistres projets, malgré les efforts connus ou cachés, que l'impiété peut diriger contre elle.

Cependant notre vénérable Prélat, dont le zèle pour son troupeau rappelle si bien le souvenir des Evêques qui ont le plus illustré l'Eglise, résolut d'établir une mission diocésaine. Le but de cette salutaire institution, était de réveiller la foi dans les peuples de la campagne, qui n'écoutent pas toujours la voix du pasteur même le plus zélé, parce qu'elle leur est trop connue ; tandis qu'ils résistent rarement à la parole du missionnaire qu'ils n'ont jamais vu, et qui leur semble comme venu du ciel pour leur annoncer la bonne nouvelle de l'évangile. Personne mieux que notre saint prêtre ne pouvait remplir cette noble tâche. Aussi le choix de notre digne Evêque n'a pas été un instant douteux : M. Potot fut établi supérieur de la mission. Le voyez-vous suivi de ses zélés coopérateurs, se diriger, avec son bâton et son bréviaire, vers les lieux où l'appelle son ministère ? Sa piété, ses prières, son éloquence douce et incisive, son exemple, tous ces moyens réunis, vont opérer un changement si merveilleux sur ces peuples, que dans la joie toute céleste dont leur cœur sera rempli, on les entendra s'écrier : *Un grand prophète a paru parmi nous, et Dieu a visité son peuple* (1).

D'un autre côté, il surveillait les fruits de salut que la mission de France avait laissés dans notre ville, en prodiguant ses soins, dans ses moments libres, à *l'association de persévérance* des dames, et surtout à celle des hommes dont il était le directeur. Puissent les sages conseils qu'il leur a tant de fois adressés pour les prémunir contre l'esprit du siècle, n'être pas perdus pour ses membres dispersés !

Telles ont été ses nombreuses occupations jusqu'en 1830; époque, où chacun craignant pour

______

(1) Luc. 7. 16.

soi-même , lui , sut encore demeurer ferme , et commander même , on le sait , le respect et la vénération. On l'a vu , comme un autre Moïse , avec ce calme que donne la confiance , élever des mains suppliantes vers le ciel pour conjurer le Seigneur de jeter sur nous un regard de miséricorde.

Mais si ses travaux cessèrent alors , son zèle ne se rallentit pas ; car le zèle ne connaît pas le repos : *caritas numquàm excidit* (1). Le zèle , *c'est le levain qu'une femme prend et met dans trois mesures de farine* (2) : il faut qu'il fermente. Le zèle , c'est un torrent : si vous lui opposez une digue, il s'échappera par quelqu'endroit. *Caritas numquàm excidit.* Il lui fit découvrir la dévotion du *mois de Marie*, dont il disait lui-même : *Je croirai seulement avoir fait quelque chose pour la sainte Vierge , si je parviens à l'établir.* Cette pieuse institution, qui consiste à honorer spécia-

(1) 1. Cor. 13. 8.   (2) Luc. 13. 21.

lement la Mère de Dieu pendant le mois de mai, afin de mériter sa protection toute particulière, à cette époque de l'année, qui n'est pas la moins dangereuse pour les passions, atteint merveilleusement son but, par les instructions solides auxquelles elle donne lieu, par ses pompeuses et touchantes cérémonies, et surtout par les prières ferventes qu'adresse au Seigneur un peuple nombreux réuni aux pieds des autels de Marie.

Mais le zèle n'est pas seulement actif, il est prévoyant : il travaille pour l'avenir, parce qu'il ne travaille pas pour soi, mais pour la gloire de Jesus-Christ et le salut des âmes, *caritas non quærit quæ sua sunt* (1). Voyez la Religion avec les belles institutions qu'elle a fait naître : elle est elle-même un monument de ce zèle dont la postérité recueillera les fruits jusqu'à la fin des siècles. Ce fut donc ce zèle encore qui appela parmi nous les enfants d'Ignace. Leurs vertus, leurs talents, leur zèle

____

(1) 1. Cor. 13. 5.

pour le salut des âmes, leur éloquence, les services nombreux qu'ils rendent à la Religion dans notre ville, et dans les campagnes surtout, dont les populations se convertissent souvent à la voix d'un seul Père ; tous ces avantages prouvent que M. Potot a trouvé le moyen de se survivre à lui-même. Maintenant il descendra volontiers dans la tombe : il est remplacé dans son œuvre, par des successeurs dignes de lui ! Tels sont les hommes de Dieu dont il s'était entouré.

M. Potot n'était pas homme à vivre parmi des Religieux, sans se croire obligé de le devenir lui-même dès qu'il le pouvait ; il était trop désireux de sa perfection, pour ne pas se hâter de jouir d'un avantage qui devait chez lui couronner tous les autres. Mais que d'obstacles s'opposaient à ce généreux dessein ! Son âge, ses infirmités, les mille liens honorables et surtout utiles à la Religion qui le retenaient dans notre ville, les fatigues d'un long voyage, tout semblait devoir lui faire

regarder cette démarche comme un acte d'une ferveur indiscrète. Ses pensées étaient bien différentes.
Toutes ces difficultés, il les regardait au contraire
comme des preuves nouvelles de sa vocation : non
qu'il fut téméraire, mais il savait que le propre
d'une grande résolution est d'être traversée ; il savait surtout que quand Dieu commande *un sacrifice, il faut obéir, et non disputer avec la volonté
divine* (1). Or, il entendait au fond de son cœur,
une voix que nous n'entendions pas, cette voix
qui brise les cèdres (2), cette voix *qui ébranle et
féconde les solitudes* (3), cette voix *qui prépare
les cerfs à la course* (4), cette voix enfin qui ar-
rache l'homme à lui-même pour l'élever à la plus
haute perfection : *Ecoutez, mon fils, écoutez;
prêtez l'oreille à ma voix; quittez votre pays,
quittez votre parenté, la maison de votre père;
et venez dans la terre que je vous montrerai,*

(1) S. Aug.   (3) Ibid. 7.
(2) Ps. 28.   (4) Ibid. 9.

et je vous bénirai (1). Telle était la parole du Seigneur : pouvait-il balancer ? *Aussi sans acquiescer ni à la chair ni au sang* (2), après seize années d'un glorieux ministère parmi nous, il se dirige en voyageur solitaire vers les montagnes de la Suisse, sans savoir, comme un autre Abraham, sur quel point de la terre on devra le fixer : *Exiit, nesciens quò iret* (3). J'ai lu moi-même son itinéraire de Metz à Estavayet ; on y reconnaît le fervent serviteur de Marie. C'est moins en effet un voyage qu'un pélerinage à la sainte Vierge, dont il saluait les images partout où il les rencontrait sur sa route.

Notre saint prêtre ne tarda pas à sentir les consolations intérieures qui suivent toujours un grand sacrifice : les lettres pleines de piété et de charme qu'il écrivait de son séjour, prouvent la joie toute céleste dont son âme était remplie. Il n'avait qu'une peine, sa peine ordinaire, c'était de se voir si indigne de la Compagnie qui l'avait reçu. *Je ne*

(1) Genes. 12. (5) Hebr. 11. 8.
(2) Galat. 1. 16.

sais, disait-il, *comment ces Pères peuvent me souffrir parmi eux.* Cependant ses supérieurs faisaient de leur côté l'éloge de toutes ses vertus et surtout de son obéissance d'enfant : c'était dire qu'il était parfait religieux.

Toutefois son bonheur le plus grand, était de se trouver associé aux travaux d'une société si célèbre par les services qu'elle a rendus et qu'elle rend encore à la Religion ; d'une société suscitée de Dieu, dès le principe, pour réparer les brêches que l'erreur monstrueuse du protestantisme devait faire au monde catholique. Son bonheur était de se voir l'enfant d'Ignace, pour lequel il éprouvait depuis long-temps une secrète sympathie, et avec lequel il avait tant de traits de ressemblance, quoiqu'il fût le seul qui ne s'en aperçût pas. En effet, comme lui, il avait parcouru avec gloire la carrière militaire ; comme lui, il avait été blessé à un siége et converti sur un lit de douleur ; comme lui, il a marché à grands pas dans la voie de la perfection dès qu'elle lui fut montrée ; comme lui, il savait se nourrir des obstacles mêmes qui s'opposaient à une entreprise, quand elle avait pour but la gloire de Dieu; comme lui, fervent religieux; comme lui enfin, un Saint dans le ciel, nous l'espérons: tels étaient les rapports de l'enfant avec le père; de M. Potot avec saint Ignace.

Après un an de noviciat, il fut rendu à notre attente inquiète : car nous savions que ces Ordres Religieux ont coutume de ne pas renvoyer dans leur lieu natal les sujets qu'ils admettent ; ils craindraient par là de retrancher sur le zèle, ce qu'ils accorderaient peut-être à la nature ; mais la vertu de notre saint prêtre était si éminente, qu'elle fit passer sur toutes ces considérations : M. Potot *put être prophète dans son pays.*

De retour parmi nous, il y reprit tous les exercices de son ministère, mais avec plus d'ardeur que de force ; sa santé qui s'affaiblissait de jour en jour, lui fit bientôt dire avec l'Apôtre : *Je m'en vais ; le temps de ma mort s'appro-*

che (1). C'étaient là les pensées habituelles qui l'absorbaient, quand une autre dévotion lui donna encore occasion de signaler son zèle pour la gloire de Marie, la dévotion *du Rosaire-vivant;* celle qui nous rassemble aujourd'hui, dont nous nous honorons pour la plupart d'être membres, et dont il était le directeur. Il n'ignorait pas les fruits immenses de conversion, dont fut suivi l'établissement du Rosaire par saint Dominique; et comme *le Rosaire-vivant*, beaucoup plus facile, présente néanmoins les mêmes avantages, il eut voulu appeler tout le monde à en jouir : ce devait être le dernier acte de son zèle pour Marie, le dernier aussi qui achevait *la couronne de justice que le Seigneur lui destinait.* (2). En effet, après de longues douleurs, supportées avec cette patience qui sait encore les cacher, une maladie de consomption qui se déclara, nous fit bientôt craindre pour ses jours. Nous nous en alarmions et lui s'en

(1) 2. Tim. 4. 6.   (2) Ibid. 4. 8.

rions ; mais c'était au souvenir de tant de vertus, dont le spectacle venait de nous être enlevé, au souvenir de tant et de si doux moments qu'il nous faisait passer aux pieds des autels de Marie. Nous pleurions enfin ; mais c'était à la pensée que nous ne le verrions plus dans cette enceinte, organiser ces pieuses réunions qu'il conduisait sous les bannières de Marie, avec plus de joie qu'il n'en éprouvait autrefois, lorsqu'il conduisait ses soldats à la victoire. Cependant, et cette pensée calmait notre douleur, nous avions la confiance qu'en perdant un ami sur la terre, nous retrouvions un protecteur dans le ciel. Si ce saint prêtre, disions-nous, a montré tant de zèle, alors qu'il n'était encore inspiré que par sa foi ; quelle charité n'aura-t-il pas pour ses frères, aujourd'hui qu'il juge des intérêts de leur salut et des malheurs de la damnation, des hauteurs mêmes de l'éternité !

Puis, disions-nous encore : *Sommes-nous donc*

comme ceux qui n'ont point d'espérance (1)? Ne le reverrons-nous pas un jour pour partager avec lui, une gloire qu'il nous aura aidé à acqué-rir, et par ses pieuses institutions, et par ses sages conseils qui resteront toujours gravés dans nos cœurs, et surtout par l'exemple qu'il nous a laissé? Oui, mes frères, l'exemple qu'il nous a laissé: remarquable, en ce qu'il ôte toute excuse à la faiblesse. Avons—nous en effet des passions? pensons au récit de sa vie première. Parlerons-nous d'obstacles? il en a surmonté de plus dif-ficiles peut—être, et de plus nombreux. Nous faut-il ses grâces? il les a puisées dans les sources qui nous sont ouvertes à tous. Envions-nous son bonheur? Ah! nous n'avons pas nous-mêmes d'au-tre destinée... Puissions—nous tous y parvenir! Ainsi soit-il.

(1) 1. Thess. 4. 12.